Adolph Donath

Tage und Nächte - Gedichte

Adolph Donath

Tage und Nächte - Gedichte

ISBN/EAN: 9783743647275

Hergestellt in Europa, USA, Kanada, Australien, Japan

Cover: Foto ©ninafisch / pixelio.de

Weitere Bücher finden Sie auf **www.hansebooks.com**

Tage und Nächte

Gedichte

von

Adolph Donath

Mit einem Briefe von Georg Brandes
und einer Umschlagszeichnung von H. Rauchinger

Verlegt bei Schuster & Loeffler, Berlin und Leipzig
1898

Hochgeehrter Herr!

Ihre Sendung war mir im ersten Augen-
blicke sehr unwillkommen; ich erhalte meine 20 bis
30 Briefe pro Tag und 8 bis 10 Pakete Manu-
skripte lagen schon auf meinem Tische, da Ihr
Paket ankam und den Haufen vermehrte. Eine
Woche habe ich es gar nicht geöffnet, im voraus
überzeugt, daß es nichts von irgend einem Wert
enthalten würde.

Angenehm wurde ich überrascht, da mir ein
selbständiger Wohlklang aus den ersten Ge-
dichten entgegenschlug. Später habe ich die
Sammlung durchgelesen.

Ich bin ein bißchen erstaunt, daß Sie sich
an mich anstatt an einen Ihrer eingeborenen

Kunstverständigen gewendet haben. Deutsch ist meine Muttersprache nicht, und die Eingebornen werden bessere Richter sein als ich darüber, inwiefern der Sprachton neu, die Sprachbehandlung originell sei. Mein Ohr hat natürlich nicht die Feinheit eines deutschen Ohres.

Indessen ich empfinde die Sache so: Es liegt ein eigentümlicher Wohllaut in Ihren Versen. 3. B. „Weiße Rosen" ist sehr schön, „Ein Liedchen" ist originell, sehr fein, sehr zart und hat den in deutschen Versen so seltenen naiven Klang. Die Musik dieser Verse ergötzt mich, eine jugendliche Musik, die etwas Bethörendes hat.

Die Vorzüge scheinen mir Jugend, Frische, Melodie, etwas Zartes, Elfenartiges.

Dann die Mängel: Nach meinem Geschmack, zu wenig Plastik. Bisweilen, nicht selten, wird das Plastische durch Allegorien ersetzt, sogar der Tod mit seiner Sense, diese alte Perrücke, kommt vor. Überhaupt Allegorien!

Ich glaube, daß Sie eine Zukunft haben, glaube auch entschieden, daß Sie leicht einen Verleger finden werden. Wenn der Mann sein Geschäft versteht, wird er fühlen, daß eine ganz eigene Anmut in Ihren Versen steckt, etwas Einschmeichelndes und Graziöses, das in deutscher Lyrik nicht allzu häufig vorkommt.

Empfangen Sie meine besten Wünsche für Ihre litterarische Zukunft,

Ergebenst

Georg Brandes.

Kopenhagen, 24. März 1897.

Weiße Rosen.

Auf einem zitternden Rosenblatt
Schaukelt ein neckischer Schmetterling,
Hascht nach dem gelben Blütenstaub,
Flattert und fliegt in des Tages Pracht,
Fliegt in die Nacht,
Stirbt in der Nacht ... —
Neckische Mädchen suchen den Schmetterling,
Tanzen und lachen und lachen und singen,
Während die Geister der Nächte ringen
Und um die Unschuld der Mädchen losen ...
Und es erröten die weißen Rosen,
Senken die Köpfchen und beten und weinen ...
Aber die Geister höhnen und lachen,
Spritzen das Blut aus dem höllischen Rachen,
Werfen mit zackigen blutigen Steinen
Nach den zitternden weißen Rosen ...

Und sie umkreisen die neckischen Mädchen,
Werfen mit nachtbetauten Blüten,
Werfen mit farbigen Zuckerdüten,
Fangen die Mädchen, küssen die Mädchen,
Schleppen sie weg in die lauschende Nacht . . .
Lauschende Nacht — — — —
Und auf der rauchenden blutigen Erde
Blühen auf zackigen blutigen Steinen
Weiße Rosen, die beten und weinen.

Meine bleiche Schwester . . .

Meine bleiche Schwester sang
Süße Kinderlieder . . .
Meine große Sehnsucht bringt
Mir die Schwester wieder.

Und ich sitze Tag und Nacht
Träumend in dem Garten,
Will die Sehnsucht scheiden sehn
Und die Schwester warten.

Ein Liedchen.

Detlev v. Liliencron
zu eigen.

Draußen auf den grünen Feldern
Spielten weiße Schmetterlinge.
Weiße, schwarze, gelbe, blaue,
Rotgefleckte Schmetterlinge.
Vöglein hüpften auf den Ästen,
Piepten, zwitscherten und lachten.
Von den grünen Feldern tönte
Jugendfrischer Sichelklang.
Und die goldnen Sonnenstrahlen
Schielten schlau zu mir herüber.
Grüne Felder. Rote Jacken,
Kerngesunde rote Wangen,
Kerngesunde rote Lippen,
Schelmischfrische Mädchenaugen!

Und die Mädchen sangen leise,
Leise, leise . . . ganz verstohlen:

Kling, klang mit der Sichel
Im grünen Feld,
Mir und dem Liebsten
Gehört die Welt.

Klitsch, klatsch mit den Küßchen
Von Mund zu Mund,
Die Seelen flüstern
Zur Abendstund.

Patsch patsch mit den Händchen,
In Manneshand,
Wir bauen uns traulich
Ein Häuschen im Land. — —

Zitternd klangen diese Töne
Fort in meiner wunden Seele,
Klangen, klangen und entflammten
Dürstendheißes Lustverlangen.

Und die goldnen Sonnenstrahlen
Schielten schlau zu mir herüber . . .
Und ich rannte zu den Mädchen,
Nahm die erste beste mir.
Und ich tollte und ich küßte,
Küßte sie auf ihre Wangen,
Auf die kerngesunden Wangen,
Auf den runden roten Mund . . .
Und die andern Mädchen lachten,
Ihre roten Jacken schienen
Immer röter mir zu werden,
Und das Liedchen hört' ich singen,
Lauter immer lauter singen:

Kling klang mit der Sichel
Im grünen Feld,
Mir und dem Liebsten
Gehört die Welt.

Ein ewiges Lied.

Lotte Witt
zu eigen.

Es spielt die Nacht ihr Lebenslied
Auf seelischtiefen Geigen,
In ihrem breiten Mantel kniet
Das schmerzensgroße Schweigen.

Nur wenn ein Stern im Dunkel scheint,
Da regt sichs in den Weiden. . . .
Die Nacht auf ihrer Geige weint,
Und alle Menschen leiden.

2*

Ein Künstlerlied.

Gebt mir ein Mädel und gebt mir ein Geld,
Dann flieh ich hinaus in die tosende Welt.
Und wenn die Wälder in Sonne stehn,
Wollen wir leise vorübergehn,
Ganz leise und sacht,
Bis die Mitternacht
Ihre weichen duftenden Hände faltet
Und in den Städten das Leben erkaltet.

Dann singt mir mein Mädel den schönsten Sang,
Der je durch die zitternde Mitternacht klang,
Und drückt mir die lechzenden Lippen zu
Und drückt mir die flammenden Augen zu
So leise und sacht,
Bis der Tag erwacht,
Der uns die schimmernden Blumen breitet
Und sie zur ewigen Sonne leitet.

Frau Venus.

Ich sah, wie in der Sommernacht
Frau Venus ihre Hände rang,
Frau Venus sang:

„In meiner Seele ist der Tag verglüht,
Und alle meine Träume sind verblüht.
Es hat die Nacht die Mädchen mir geraubt,
Es hat die Nacht die Liebe mir geraubt,
Die weiße Blüte, die mich freundlich schmückt,
Hat sie zerdrückt.

Blutfackeln stehn in ihrem schwarzen Hain,
Nachtfalter schwärmen um den roten Schein,
Die Bäume rauschen höhnend in die Luft,
Wenn aus der Nacht die graue Eule ruft ...
Die Lust auf weichen Seidendecken hockt
Und lacht und lockt.“

Frau Venus weint. Es schleicht das kalte Leid
Um sie herum im grauen Lumpenkleid
Und klagt und schreit:

> „Du haſt den Tod dir ſelbſt bereitet,
> Du haſt zur Wolluſt ſie geleitet.
> Die Mädchen, die um Liebe baten,
> Haſt Du der Sommernacht verraten.
> Mein iſt die Rache! Tief und rot
> Trifft der Tod."

Trotz Gott und Welt.

Ich saß mit ihr im Sternenglanz
Und hielt sie sanft umschlungen,
Als in der müden weiten Welt
Der letzte Ton verklungen.

Doch als das freie Lied erscholl:
Es ist der Mai gekommen!
Da hab ich meiner Nachbarin
Das Herzchen weggenommen.

Und hab es schnell zu mir gesteckt.
Sie hat es Gott befohlen —
Da hab ich ihr trotz Gott und Welt
Den ersten Kuß gestohlen.

Erlösung.

Ein großes Kreuz starrt in die Fluten nieder,
Die träumend=still ins Sonnenbluten sehn,
Und von den Bergen klingen Abendlieder
Und klingen wieder,
Wenn von den Feldern Schnittermädchen gehn.

Wir rudern unsern Kahn im Wellenkreise
Und blicken stumm aufs Kreuz am Uferrand —
Und aus den Wellen singt und klingt es leise . . .
Wie eine Weise
Aus einem glutgebornen Zauberland.

Und wieder starrt das Kreuz . . . Dann sinkt es nieder. -
Da küß ich Dich mit flammendheißer Glut
Und drücke sanft Dein Köpfchen zu mir nieder
Und küsse wieder . . .
Die Sterne leuchten segnend in die Flut.

Wandern!

Kleine komm, wir wollen wandern!
Wenn die Sonnengluten sinken,
Wenn die weißen Sterne blinken,
Eilen wir den Lüften nach.

Kleine komm, wir wollen wandern!
Wo die großen Stürme brausen,
Wo die tiefsten Seelen hausen,
Schlagen unser Zelt wir auf.

Kleine komm, wir wollen wandern!
Rosen welken auf den Auen,
Und es weinen junge Frauen
Um den Tod der Heimatsflur.

Im Arm des Abends.

Ein braunes Reh durchgraste unsern Hain
Und äugte in den grünen Busch hinein.
Da saßen wir im großen Sonnenbrand.
Du legtest einen Zweig in meine Hand
Und betetest wie frischer Kindesmund
So andachtsvoll für unsern Seelenbund.
Im Winde flogen Deine Worte fort
Und segneten so manchen stillen Ort . . .
Die Sonne sank. Des Waldes Blütenmeer
Erzitterte vor ihrem Strahlenheer.
Mit einer roten Dornenkrone lag
Im Arm des Abends betend da der Tag.

Eine Welt . . .

Eine Welt will ich mir bauen,
Wo nur junge Mädchen wohnen,
Die in seidenen Gewändern
Wandeln, wenn der Tag gestorben.

Und ich küsse ihre Hände,
Und wir tanzen einen Reigen,
Und die Mädchen singen leise
Mir das Lied der Schwesterliebe.

Und sie alle breiten segnend
Ihre marmorweißen Hände
Auf mein Haupt und alle beten
Für die Zukunft ihres Dichters . . .

Judenlieder

I.

War ein kleines stilles Haus,
Drin ein Jude wohnte.
Sabbath wars. Ein Kerzenpaar
Auf dem Tische thronte.

*

Und der alte Jude sang
Eine Zauberweise,
Und die Mutter und das Kind
Sangen mit ganz leise:

*

„Alle Sterne trauern hier,
Und die Rosen weinen,
Alle Vögel schweigen hier
In den fremden Hainen.

Fliege, fliege, mein Gebet
Zu den fernen Weiten,
Wo der Tempel Zions steht,
Laß die Sehnsucht breiten!"

— — — — — — — — —

Und das Zauberlied erklingt,
Weckt aus allen Träumen . . .
Und des Kindes Sehnsucht singt
Von den Cederbäumen.

II.

„Mirjam, haft Du die Mutter gefehn?"
  — Mutter weint in der Kammer. — —
„Mirjam, laß Deine Träume gehn,
Schau, wie die Bäume Dich lachend umftehn,
Wie fie Dir Blüten herunterwehn! . . ."
  — Mutter weint in der Kammer. — —

*

„Mirjam, kennft Du der Mutter Leid? . . ."
  — Mutter drücken die Sorgen,
Mutter fürchtet des Nachbars Neid,
Wenn in der Wiege mein Brüderchen fchreit.
Mutter fürchtet die fiebernde Zeit . . .
  Mutter drücken die Sorgen — — —

III.

Unsre armen Kinder klagen,
Wenn die letzten Gräser sprießen,
Wenn aus müden Glockenblüten
Düfte des Vergessens fließen.

Unsre armen Kinder klagen,
Wenn der neue Mai gekommen,
Weil er nicht die stummen Bitten
Ihrer Seele hat vernommen,

Und sie klagen immer weiter,
Weil er ganz an sie vergessen
Und kein Zweiglein mitgenommen
Von den Cedern und Cypressen.

IV.

War ein Jude und ein Krüppel,
Und sie peitschten ihn hinaus . . .
Draußen wüteten die Donner,
Und es sprach der Gott der Rache:

*

„Sieh, Du Schöpfung meiner Hände,
Meine Donner schenke ich Dir,
Daß sie Deine Feinde schlagen;
Denn Dein Herz ist eine Thräne!" — —

Und es zitterten die Wolken,
Und der krumme Jude bebte,
Und er schrie: „Du Gott der Liebe,
Gieb mir meine alte Erde! . . ."

Da zerteilten sich die Wolken,
Alte Sonnen kamen wieder,
Und die weißen Engel sangen
Judas Zukunftsmelodie.

3*

Unser Glück.

Es hat die Nacht die bleiche Hand erhoben
Und tausend Sterne hingesät.
Durch mondeshelle Lüfte weht
   Zitternd die Sehnsucht von dort oben; —

Sie steigt hinab, von Licht und Traum umschlungen.
Und drückt das Glück in unsre Hand.
Da hat sich von der Himmelswand
   Ein weißes Sternchen losgerungen . . .

Lieder einer Verlorenen

I.

Ich bin ein kleines liebes Kind
In einem roten Röckchen,
Ich spiele wie der Frühlingswind
Mit silbernen Maienglöckchen.

Ich spiele auch mit Männern viel,
Die träumen in meinen Küssen . . .
Es stirbt mein leichtes Seelenspiel,
Wenn wir uns lieben müssen . . .

II.

Meine Mutter ist eine arme Frau,
Ich bin ihre einzige Habe.
Zwei Tropfen schenkt ihr der Morgentau
Als winzige Gottesgabe.

Die Tropfen hängen an ihrem Mund
Wie funkelnde Edelsteine,
Mir aber werden die Augen wund,
Wenn ich um die Mutter weine . . .

III.

Es kommt die Nacht. Die Seide rauscht,
Und alle Mädchen singen.
Ich zieh mein grünes Kleid mir an,
Das muß viel Glück mir bringen.

Und alle Thränen müssen fliehn,
Die Augen müssen lachen,
Daß wir in stiller dunkler Nacht
Uns alle glücklich machen.

Dämmerung.

Schon will der Westen seinen Bogen spannen
Und Flammenpfeile durch die Erde sprühn,

Schon zieht der Abend durch die grünen Tannen
Mit seinen Lichtern, die in Rot verglühn,

Und küßt die Blumen, die verschämt sich neigen,
Die Käfer, die dem sanften Hauch entfliehn,

Und läßt mit Flöten, Trommelschlag und Geigen
Die Träume durch die armen Hütten ziehn . . .

Die bleiche Not muß von den Wänden weichen,
Denn Licht und Duft und Lieder strömen ein . . .

Es will der Traum die Hand dem Leben reichen,
Will allen Armen eine Sonne sein.

Weil es Frühling ist . . .

Kleine, mach dem Scherz ein Ende!
Reich mir Deine weißen Hände!
Will Dir rote Blüten pflücken,
Will Dein Haar mit Blumen schmücken,
   Küssen, weil es Frühling ist . . .

Und die Kleine läßt das Schmollen,
Und wir küssen und wir tollen,
Spielen Fangen und Verstecken
Zwischen weißen Schlehdornhecken,
   Lieben, weil es Frühling ist . . .

Rabbi Amnon

Eine Sage

Rabbi Amnon war ein guter
Freund des Mainzer Fürstenhofes.
Alle Frauen, alle Ritter
Liebten es, mit ihm zu sprechen.

Eines Tages gab der Kurfürst
Auf dem Schlosse ein Gelage,
Auch den Rabbi Amnon sah man
An des Fürsten Seite sitzen.

Und als die Pokale klangen,
Und die Frauenherzen glühten,
Hob der Kurfürst seinen Becher
Und er sprach zur Tafelrunde:

„Wir sind alle eine Seele,
Einer fühlt es mit dem andern,
Wenn die jungen Büsche sprießen
Und die Blütenkronen leuchten.

Wir sind alle treue Brüder
Einer reinen Gotteslehre,
Jeder Fremdling sei willkommen,
Der zu unserm Gotte pilgert.

Rabbi Amnon, sieh den Becher,
Der von Diamanten funkelt,
Sieh die Bilder an den Wänden.
Sieh die reichen Pupurdecken.

Diese Pracht sei Dir gegeben
Willst Du unserm Gotte dienen.
Rabbi Amnon, Deine Lehre
Ist so arm und ist so düster."

Da erzitterte der Rabbi.
Seine Lippen schienen blutlos,
Und auf seiner bleichen Stirne
Hoben sich die blauen Adern.

Und es zuckten seine Augen
Und er sprach mit hohler Stimme:

„Kurfürst, meine Antwort will ich
In drei Tagen Dir verkünden." —

* * *

Dreimal hatte schon die Nacht sich
In den hellen Tag gewandelt,
Dreimal sandte schon der Kurfürst
Seine Ritter nach dem Rabbi.

Und es schrie der Kurfürst zürnend:
„Will der Jude nicht gehorchen,
Legt ihm Ketten um die Arme,
Schleppt ihn her zu meinen Füßen."

* * *

Wieder klangen die Pokale,
Wieder hob der Fürst den Becher
Und er sprach zu Rabbi Amnon,
Der als Sklave vor ihm kniete:

„Jude, sprich! Bei diesem Becher,
Der die Augen Dir geblendet,

Schwör ichs, mußt Du selber eine
Strafe über Dich verhängen!"

Lange schwieg der Rabbi Amnon.
Sterne standen schon am Himmel,
Als er rief: „Die Zunge, Kurfürst.
Die Bedenkzeit sich erbeten,

Meine Zunge, die gelogen,
Laß mir aus dem Munde reißen!"
Also wollte Rabbi Amnon
Seine große Sünde büßen.

Doch der Kurfürst lachte höhnend:
„Deine Zunge soll Dir bleiben,
Aber Deine krummen Füße,
Die mir dreimal nicht gehorchten,

Will ich meinem Messer opfern.
Und desgleichen sollen Deine
Judenhände, Deine Nase,
Deine Ohren ihm verfallen."

Da erhoben sich die Ritter.
Wie verrohte Henkersknechte
Packten sie den alten Juden
Und vollführten die Befehle.

*   *   *

Dreimal hatte schon die Nacht sich
In den hellen Tag gewandelt,
Rausch Haschonoh*) wars. Die Juden
Wallten in Jehovahs Tempel.

Und den armen Rabbi Amnon
Trug man vor die heilge Lade.
Und bevor man Kodausch**) sagte,
Rief der Rabbi zu Jehovah:

„Alle Wesen, die da pilgern,
Zählst Du, wie ein Hirt die Herde,
Und verhängst ihr Los, bestimmst den
Lebensgang den Kreaturen.

---

*) Das Neujahrsfest.   **) Eines der heiligsten Gebete.

4*

Am Neujahrstag wirds geschrieben,
Am Versöhnungstag besiegelt,
Wer da leben, wer da sterben,
Wer am Ende seiner Laufbahn,

Wer durch Feuer, wer durch Wasser,
Wer durchs Schwert im Kriege, wer durch
Hungersnot erliegen sollte.
Wes der Ruhm ist, wes die Schande.

Wes der Reichtum, wes die Armut.
Aber Reue und Gebete
Und die Nächstenliebe wenden
Ab das drohende Verhängnis."

Also dichtete der Rabbi.
Und es leuchtete sein Antlitz,
Ehe ihn sein großer Schöpfer
Von dem Erdenleid erlöste.

Das Leben.

Arbeiterhütten im braunen Feld,
Und kranke Frauen mit dürren Händen,
Irrende Schatten an allen Wänden,
Und kleine Kinder, die betend fühlen:

Mutter, wir haben kein Stückchen Brot,
Küß uns den Hunger von unseren Wangen,
Wollen die lieben Englein fangen,
Aber die Englein sind schon tot. — — —

Sephi.

Meine Kleine fragt ich gestern früh
Nach ihren süßen Träumen.
Da hat sie schelmisch laut gelacht,
Hat mich mit einem Kuß bedacht
Und ging das Zimmer räumen . . .

Meine Kleine fragt' ich heute früh
Nach ihren bleichen Wangen.
Da hat sie stumm die Stirn gesenkt,
Hat mir ein Thränlein heiß geschenkt,
Dann ist sie fortgegangen . . .

Herbst.

„Zeig mir die Seele!" rief der Herbst
Und warf an meine Brust ein Blatt —
Das war so gelb, so lebenssatt,
Und duftete, wie Nelken duften,
Wenn sie vor Angst im Winde beben . . .
So sterbenskrank, so todesmatt
Lag an der Brust das gelbe Blatt.

Und meine Träume kamen wieder
Und sangen tiefe Todeslieder.
Die schnitten in die Seele mir
Und brannten wie mit Feuersglut
Mein wildes rotes Herzensblut.

Und schwarze Raben sah ich fliegen
Und sich an dürre Bäume schmiegen . . .

Und meine Mädchen sah ich liegen
Mit toten Augen, fahlen Wangen . . .
Und dumpfe Glockentöne klangen
So dumpf, als stürbe fast die Welt
In diesem schwülen Todesbangen.

Ein Lied.

Saß bei meiner Kleinen
Auf des Bettes Rand.
Küßte meiner Kleinen
Sanft die weiße Hand.

Draußen schlug den Ambos
Just ein flotter Schmied,
Als mir meine Kleine
Sang ein süßes Lied.

Doch als ich der Kleinen
Reck' das Mündchen schloß,
Saß die schlaue Nacht schon
Hoch und fest zu Roß.

Vision.

Elsa Zimmermann
zu eigen.

Du lehnst an einem weißen Marmorblocke.
Schneeflocken fallen auf Dein Sonnenhaupt.
Dein Atem bebt wie eine Himmelsglocke
Und hat die toten Bäume rings belaubt.

Und kleine Mädchen küssen Deine Wangen
Und legen Hermelin um Deinen Leib.
Auf Deiner Brust die Flammenzeichen prangen:

„... Denn ich bin Deine Seele, bin Dein Weib ..."
„Du mußt mir Deine tiefsten Gluten geben,"
„Daß meine Kraft mit Deinem Blut sich eint,"
„Ich will ersterbend in Dir weiterleben,"

„Wenn an dem Bett die Todesfackel ſcheint."
„Denn ich bin Deine Seele, bin Dein Weib!" — —

Die Flammen ſchwinden, große Schatten eilen
So dämmerbleich von jedem toten Baum.
Die Flammen ſchwinden und die letzten Zeilen
Aus meinem fiebertollen Wintertraum.

Der Morgen.

Lachend steigt der Morgen nieder,
Klingelt mit der Schellenkappe.
Gähnend streckt er seine Glieder —
Singt die wunderschönsten Lieder
Lustig in die Welt hinein.

Und er guckt durch Klostermauern.
Und die grauen Steine bluten,
Wenn die bleichen Nonnen trauern
Und auf groben Klößen kauern
Weltvergessen, Toten gleich . . .

Guckt ins freundlich stille Stübchen,
Wo vier dunkle Augen glühen . . .
Und das Mädel küßt dem Bübchen
Augen, Stirn und Wangengrübchen,
Küßt den Schlaf von seinem Mund.

Und die dickſten Fenſter krachen,
Wenn die ſchönſten Küſſe fallen,
Und des Morgens lautes Lachen
Läßt die Roſen ſchnell erwachen . . .
Fertig iſt der Hochzeitskranz!

Und unfre Seele . . .

Es hat der Sturm die graue Wetterfahne
Hinabgeschleudert in das falsche Land,
Und in die weiten windgehetzten Plane
Streckt drohend der Blitz seine Feuerhand.

Der Donner rollt und läßt die Erde weinen,
Und unfre Seele kauert wie ein Wurm,
Und beten will sie und sich neu vereinen
Im Donnerruf, im grauen Frühlingssturm.

Du . . .

Du haſt ſo ſeltſam graue Augen,
Aus denen ein Geheimnis ſpricht,
Wenn von der purpurroten Ampel
Herniederfließt das blaſſe Licht.

Du haſt ſo ſeltſam zarte Hände,
So weiß, ſo bleich, ſo frühlingsrein,
Und Lippen, die nur leiſe flüſtern:
Nur Du darfſt küſſen, Du allein.

Nur Du darfſt meine Augen feuchten
Und träumend küſſen mich zu Ruh,
Bis in der ſanften Nacht des Frühlings
Verklingt das leiſe Du . . . oh Du . . .

Die sterbende Nacht.

Du haſt mir mein Geheimnis weggenommen,
　　Ich bin die Nacht, die in die Seelen leuchtet,
　　Ich bin die Nacht, die ſtarre Augen feuchtet,
In Deinem Atem iſt mein Glanz verglommen.

So ſitz' ich hier, des ſeltnen Lichts beſtohlen.
　　Du Tag, Du Mörder meiner ſtummen Rechte,
　　Du nahmſt die hellen Träume dem Geſchlechte,
Den tollen Rauſch, den Duft der Nachtviolen.

Der Schmerz.

Dort steht der Tod und ballt die Faust,
Die riesengroße Knochenfaust,
Und taucht die Sense in das Blut,
Aus dem die bösen Gifte atmen
Und kochend in der Luft zergehn . . .
Und mit der Spitze seiner Sense
Ritzt er ein schwaches Herz.
Und langsam, langsam quillt
Das Gift hervor
In schweren dunklen Tropfen . . . .
. . . .
Dort, wo im grünen Rasen
Das schwache Herz im tiefsten Schlafe ruht,
Steht ein verdorrter Baum.
Und um ihn schlingt
Die feinen dünnen Händchen

Donath, Tage und Nächte.   5

Ein kleines Kind und weint . . .
Und weint . . . . . .
Da flammt es in dem toten Baum,
Und seinen dürren nackten Zweigen
Entfließen gelblichrote Flämmchen,
Und mittendrein tanzt helles Sonnenlicht
Und strömt ums kleine Kind
In breitem Kreise . . .
Und fester schlingt das Kind
Die dünnen Händchen um den Baum,
Und heißer, immer heißer küßt es
Den grauen Stamm . . . .
. . . .
Es atmen alle Zweige
Und treiben sonnenhelle Blüten
Und senken segnend sich herab
Aufs kleine Kind.

In schwarzer Nacht.

In schwarzer Nacht
Eil' ich umher
Und suche mein Leben,
Mein graues, kaltes Leben . . .
Schatten huschen vorbei
Und tauchen wieder auf,
Und ich starre sie an
Und eile fort in die Nacht . . .
Freche Dirnen lachen mir entgegen
Und locken mich
Mit ihren Schlangenblicken,
Und in die schwarze Nacht verwoben
Steht die Lust da:
Blut tropft aus ihren Augen,
Auf ihren rotgeschminkten Wangen klebt
Das rote heiße Blut der Sünde.

5*

Und sie höhnt mich und spricht:
„Sahst Du meine Töchter?"
„Sahst Du ihr Leben,"
„Das blühende Leben der Nacht?"
„Aus ihren Augen strömt mein Feuer,"
„Auf ihren Wangen blüht"
„Mein rotes heißes Blut . . ."
Ich eile fort in die Nacht . . .
Schwarze Wolkenfetzen
Hängen in der Luft,
Und wie ein höhnendes Auge
Schaut mich der Mond an
Mit seinem fahlen, abgelebten Gesicht . . .
Da — in dem kleinen Häuschen — —
Meine ewige Sehnsucht.
Ein altes Weib
Mit wirrem Haar
Kniet vor ihr
Und küßt ihre bleichen Hände
Und küßt ihren bleichen Mund,

Die blauen Augen, die sterbenden . . .
Und auf dem Tische
Flackert eine Kerze,
Flackert und stirbt . . . .
. . . .
Nacht. Schwarze tötende Nacht.
Schatten huschen vorbei
Und tauchen wieder auf,
Und die Wellen des Flusses
Flüstern und erzählen:
„Ein altes Weib"
„Mit wirrem Haar"
„Kniet vor ihr"
„Und küßt ihre bleichen Hände"
„Und küßt ihren bleichen Mund"
„Die blauen Augen . . ."
„Die sterbenden . . . . . ."

Von still vergangnem Leid . . .

I.

Du bist so still in Dich gekehrt,
Sag mir Dein großes Weh!
Du darfst Dich ganz mir anvertraun,
Ich will ins wunde Herz Dir schaun,
Daß ich Dein Leid versteh.

Du weinst? Du hast die Augen rot,
So bleich den kleinen Mund . . .
Die Engel singen Dir ein Lied.
Der Abend flammt. Es küßt der Süd
Den Schmerz von Deinem Mund.

II.

Ans Fenster klopft die Sommernacht
Mit schwarzer Geisterhand
Und schüttet ihrer Sterne Pracht
Tief in Dein Herz. Das hat gelacht
In meiner starken Hand.

Und hat getanzt und laut geschrien:
„Küßt, bis der Morgen lacht! . . .
Seht, wie die dunklen Fernen glühn
Und rote Feuergarben sprühn . . .!
Küßt, bis der Morgen lacht!"

III.

Du lehnſt ſo müd, ſo engelgleich
An meiner jungen Hand,
Und träumſt ſo ſüß, ſo frühlingsweich,
Mich in ein fremdes Land.

Dort eilt der Gott, den wir geträumt,
Auf Blütenzweigen hin,
Die dunkelrote Roſe träumt
Auf rotem Turmalin.

Dort ruhſt Du ſanft, ein Engelbild,
Im weißen Seidenkleid,
Und ſingſt ſo mild, und ſingſt ſo wild
Von ſtill vergangnem Leid . . .

Inhalt

Seite

Brief von Georg Brandes 7

Weiße Rosen 13

Meine bleiche Schwester 15

Ein Liebchen 16

Ein ewiges Lied 19

Ein Künstlerlied 20

Frau Venus 21

Trotz Gott und Welt 23

Erlösung 24

Wandern 25

Im Arm des Abends 26

Eine Welt 27

Judenlieder 29

I. War ein kleines stilles Haus 31

II. „Miriam hast Du die Mutter gesehn?" 33

III. Unsre armen Kinder klagen 34

IV. War ein Jude und ein Krüppel 35

Unser Glück 36

Seite

Lieder einer Verlorenen 37
I. Ich bin ein kleines liebes Kind 39
II. Meine Mutter ist eine arme Frau 40
III. Es kommt die Nacht. Die Seide rauscht 41
Dämmerung. 42
Weil es Frühling ist 43
Rabbi Amnon. Eine Sage 45
Das Leben 53
Sephi 54
Herbst 55
Ein Lied 57
Vision 58
Der Morgen 60
Und unsere Seele 61
Du 63
Die sterbende Nacht. 64
Der Schmerz 65
In schwarzer Nacht 67
Von still vergangnem Leid 70
I. Du bist so still in Dich gekehrt 70
II. Ans Fenster klopft die Sommernacht. 71
III. Du lehnst so müd, so engelgleich 72

Druck von Gottfr. Pätz, Naumburg a. S.